Impressum
Verlag: BABADADA GmbH, Nedderfeld 112 , 22529 Hamburg
Geschäftsführer / Verlagsleitung: Harald Hof
Druck: Books on Demand GmbH, In de Tarpen 42, 22848 Norderstedt

Imprint
Publisher: BABADADA GmbH, Nedderfeld 112 , 22529 Hamburg, Germany
Managing Director / Publishing direction: Harald Hof
Print: Books on Demand GmbH, In de Tarpen 42, 22848 Norderstedt, Germany

skola

ቤት-ትምህርቲ

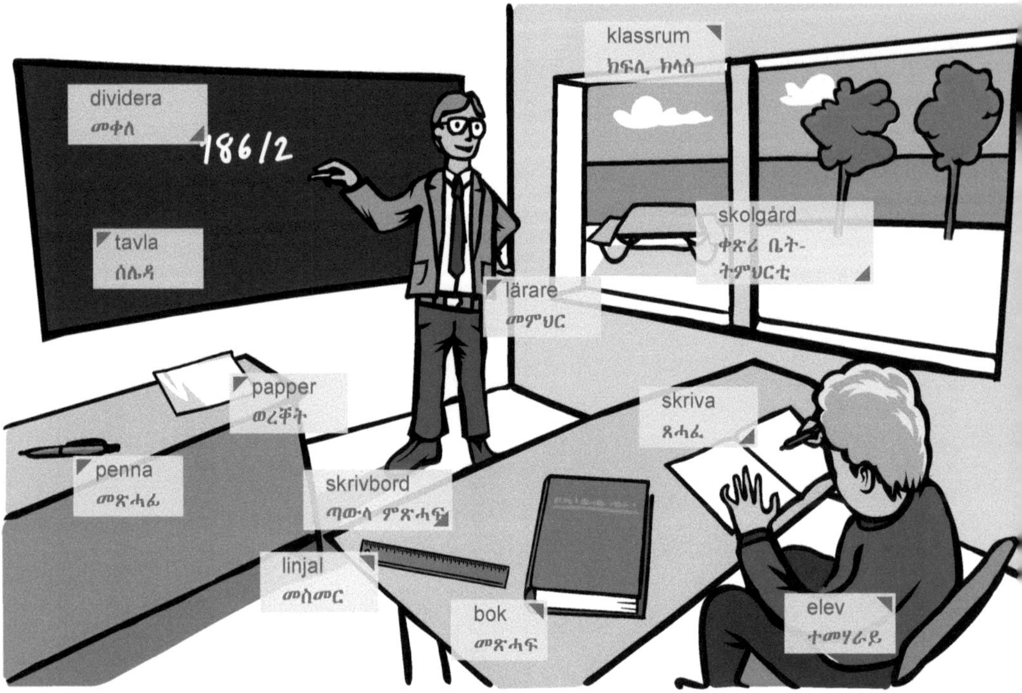

klassrum
ክፍሊ ክላስ
dividera
መቀለ
186/2
tavla
ሰሌዳ
lärare
መምህር
skolgård
ቀጽሪ ቤት-ትምህርቲ
papper
ወረቐት
skriva
ጸሓፈ
penna
መጽሓፊ
skrivbord
ጣውላ ምጽሓፍ
linjal
መስመር
bok
መጽሓፍ
elev
ተመሃራይ

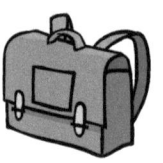

skolväska

ሳንጣ ትምህርቲ

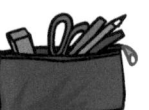

pennfodral

ሰፈር ብርዒ

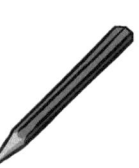

blyertspenna

ርሳስ

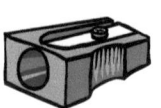

pennvässare

መብልሒ ርሳስ

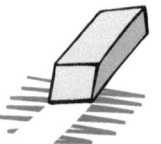

suddgummi

መደምሰሲ

ritblock

ጥራዝ ስእሊ

teckning

ስእሊ

pensel

ብርሒ ቀለም

målarlåda

ቦክስ ቀለም

sax

መቐስ

lim

መጣበቒ

övningsbok

ጥራዝ መላመዲ

hemläxa

ዕዮ ገዛ

12

tal

ቁጽሪ

2+2

addera

ወሰኸ

5-2

subtrahera

ጎደለ

2×2

multiplicera

ረብሓ

räkna

ደመረ

A

bokstav

ፊደል

ABCDEFG
HIJKLMN
OPQRSTU
VWXYZ

alfabet

ስርዓት ፊደላት

hello

ord

ቃል

text

ጽሑፍ

läsa

አንበበ

krita

ኩርሽ

 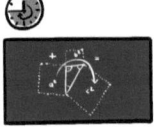

lektion

ሰዓት

register

መዝገብ ክላስ

prov

መርመራ

intyg

ሰርቲፊከት

skoluniform

ድቢዛ ቤትትምህርቲ

utbildning

ትምህርቲ

uppslagsverk

ለክሲኮን

universitet

ዩኒቨርሲቲ

mikroskop

ሚክሮስኮፕ

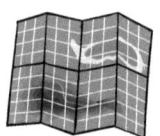

karta

ካርታ

papperskorg

ጎሓፍ ወረቓት

hotell
መቆበሊ, ኣጋይሽ

Grand

vandrarhem
ሆስተል

ROOMS

växelkontor
ቦታ ቅያር ገንዘብ

EXCHANGE

resväska
ባሊጃ

bil
መኪና

		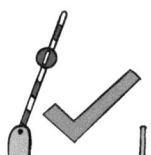
språk	ja / nej	Okay
ቋንቋ	እወ / ኖ	ሕራይ

hej	översättare	Tack
ሰላም	ኣስተርጓሚ	የቆንየለይ

hur mycket kostar...?

. . . ክንደይ ዋግኡ?

jag förstår inte

አይተረድኣኹን

problem

ሽግር

God kväll!

ሰላም ምሸት!

God morgon!

ከመይ ሓዲርካ

God natt!

ሰላም ለይቲ

hejdå

ደሓን ኩን

riktning

አንፈት

bagage

ጉዓዝ

väska

ሳንጣ

ryggsäck

ሳንጣ ሕቖ

gäst

ጋሻ

rum

ክፍሊ

sovsäck

ክሻ መደቐሲ

tält

ቴንዳ

turistinformation

ሓበሬታ በጻሕቲ ሃገር

strand

ገምገም ባሕሪ

kreditkort

ክሪዲት ካርድ

frukost

ቁርሲ

lunch

ምሳሕ

middag

ድራር

biljett

ቲከት

hiss

ሊፍት

frimärke

ማሕተም ደብዳበ

gräns

ዶብ

tull

ድንና

ambassad

ኣምባሲ

visum

ቪዛ

pass

ፓስፖርት

transport

መጓዓዝያ

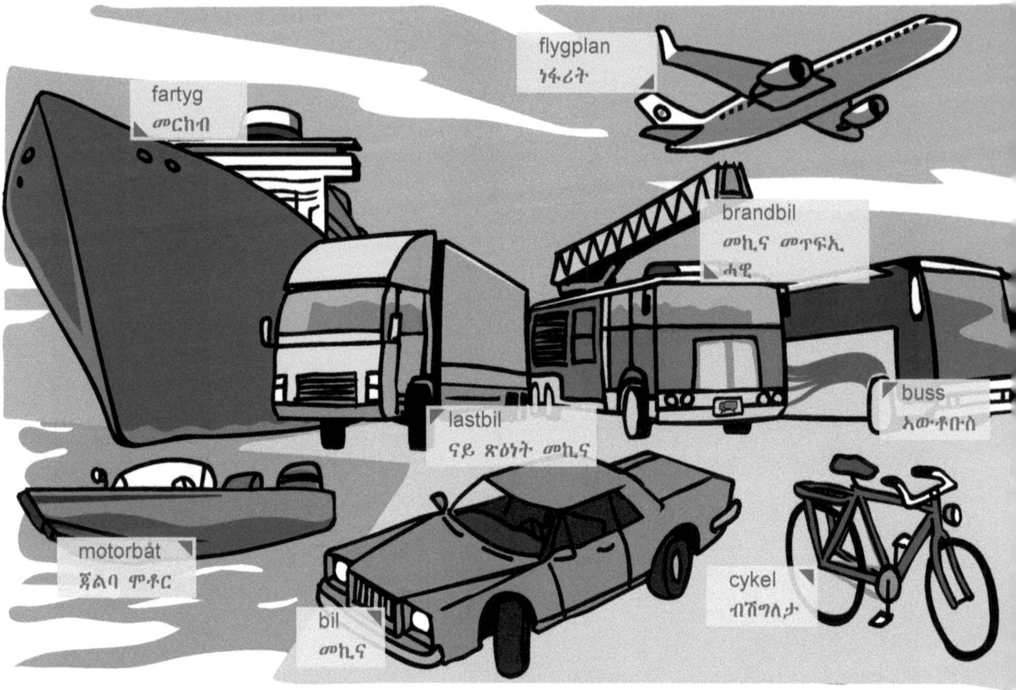
flygplan
ነፋሪት
fartyg
መርከብ
brandbil
መኪና መጥፋኢ ሓዊ
buss
ኣውቶቡስ
lastbil
ናይ ጽዕነት መኪና
motorbåt
ጀልባ ሞቶር
cykel
ብሽግለታ
bil
መኪና

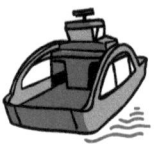

färja

ፈሪ

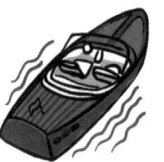

båt

ጀልባ

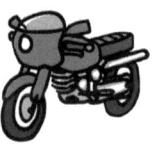

motorcykel

ሞቶ

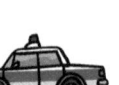

polisbil

መኪና ፖሊስ

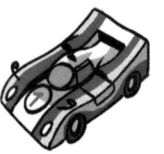

racerbil

መኪና ቅድድም

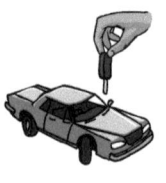

hyrbil

ክራይ መኪና

bilpool

ምውፋይ መካይን

bärgningsbil

መወሰዲ መኪና

sopbil

መኪና ጐሓፍ

motor

ሞተር

bränsle

ነዳዲ

bensinstation

እንዳ ነዳዲ

vägmärke

ምልክት ትራፊክ

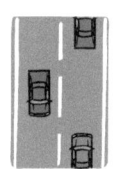

trafik

ትራፊክ

bilkö

ምጭቃጭቅ ትራፊክ

parkeringsplats

መዕሸጊ መኪና

tågstation

መዕረፊ ባቡር

räls

ሓዲግ

tåg

ባቡር

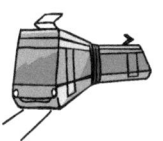

spårvagn

ትረም

vagn

ባጎኒ

helikopter

ሄሊኮፕተር

flygplats

መዓረፍ ነፈርቲ

torn

ታወር

passagerare

ተጓዓዚ

container

ኮንተይነር

kartong

ሳንዱቕ ካርቶን

vagn

ኮርሳ ጽዕነት

korg

ዘንቢል

starta / landa

ተበገሰ / ዓለበ

stad

ከተማ

by

ቀኣሸት

centrum

ማእከል ከተማ

hus

ገዛ

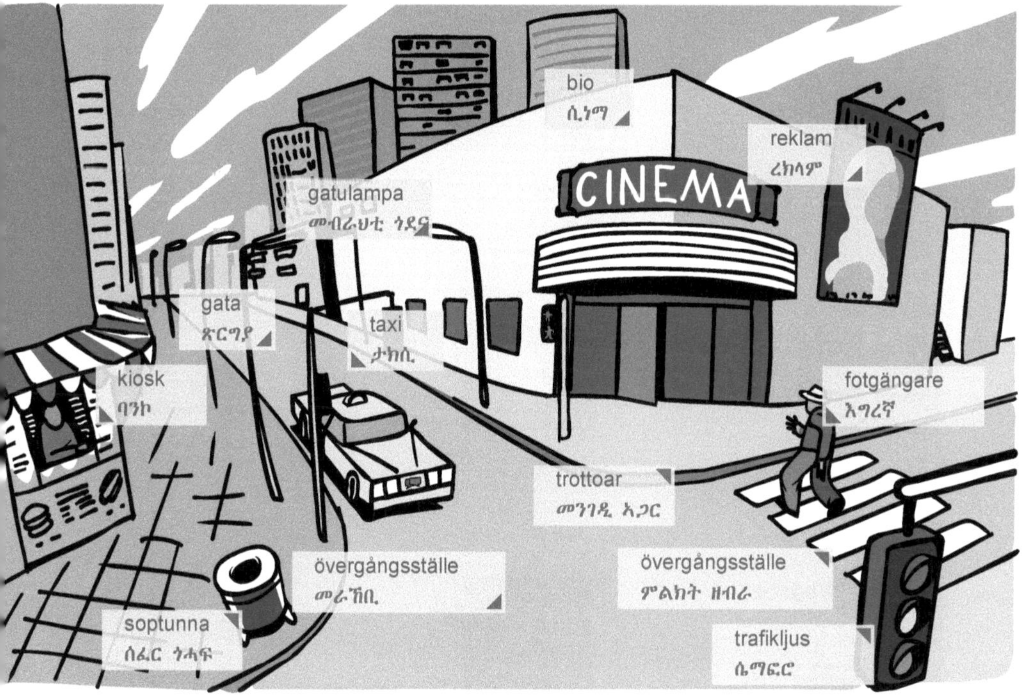

bio
ሲነማ

reklam
ረክላም

gatulampa
መብራህቲ ጎደና

gata
ጽርግያ

taxi
ታክሲ

kiosk
ባንኮ

fotgängare
እግረኛ

trottoar
መንገዲ እጋር

övergångsställe
መራኸቢ

övergångsställe
ምልክት ዘብራ

soptunna
ሰፈር ጎሓፍ

trafikljus
ሴማፎር

stuga
....
ኣጉዶ

lägenhet
....
ኣፓርትመንት

tågstation
....
መዕረፊ ባቡር

stadshus
....
ቤት ምምሕዳር

museum
....
ቤተ መዘክር

skola
....
ቤት-ትምህርቲ

universitet

ዩኒቨርሲቲ

bank

ባንክ

sjukhus

ሆስፒታል

hotell

መቐበሊ ኣጋይሽ

apotek

ቤት መድሃኒት

kontor

ቤት ጽሕፈት

bokhandel

ዱኳን መጽሓፍቲ

affär

ዱኳን

blomsterbutik

ዱኳን ዕንባባ

stormarknad

ሱፐርማርከት

marknad

ዕዳጋ

varuhus

ሹቅ

fiskhandlare

ነጋዳይ ዓሳ

köpcentrum

ሹቅ

hamn

መርሳ

park

መዝናግዒ

bänk

ባንኪ

brygga

ድልድል

trappa

መደያዪበ

tunnelbana

ባቡር ትሕቲ ምድሪ

tunnel

ቢንቶ

busshållplats

መዕረፊ ኣውቶቡስ

bar

ቤት መስተ

restaurang

ቤት-መግቢ

brevlåda

ስታሪት

gatuskylt

ታቤላ

parkeringsautomat

ሰዓት ፓርኪንግ

zoo

መካነ እንስሳታት

simbassäng

መሓምበሲ

moské

መስጊድ

bondgård	förorening	kyrkogård
ቤት ሕርሻ	ብከላ	መቓብር

kyrka	lekplats	tempel
ቤተክርስትያን	ቦታ ምጽዋት	ቤት መቕደስ

landskap

ስእሊ መሬት

löv
ኣቑጽልቲ

vägskylt
መሕበሪ መገዲ

väg
መገዲ

äng
ሸኻ

sten
እምኒ

liftare
ኮብላሊ

träd
ኣግራብ

flod
ፈለግ

gräs
ሰዓሪ

blomma
ዕንባባ

dal

ስንጥር

kulle

ኮረብታ

sjö

ቀላይ

skog

ዱር

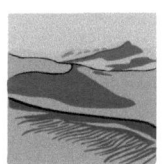

öken

ምድረ በዳ

vulkan

እሳተ-ጎመራ

slott

ግምቢ

regnbåge

ቀስተ-ደመና

svamp

ቃንጥሻ

palm

ዓርኮብኮባይ

mygga

ጣንጡ

fluga

ህመማ

myra

ጻጻ

bi

ንህቢ

spindel

ሳሬት

skalbagge

ሕንዚዝ

groda

ዕንቅርዖብ

ekorre

ምጽጹሳይ

igelkott

ቅንፍዝ

hare

ማንቲለ

uggla

ጉንጎ

fågel

ጭሩ

svan

ስዋን

vildsvin

መፍለስ

rådjur

ዓጋዘን

älg

ሙስ

damm

ግድብ

vindkraftverk

ተርባይን ንፋስ

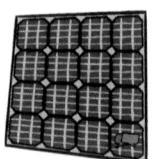

solcellspanel

ሶላር ስርሓት

klimat

ኩነታት ኣየር

servitör
አሰላፊ

meny
ካርታ
መግብታት

stol
መንበር

soppa
መረቅ

pizza
ፒትሳ

bestick
መመታተሪ

bordsduk
ክዳን ጣውላ

förrätt	huvudrätt	dessert
ቅድመ ቀንዲ መግቢ	ቀንዲ መአዲ	ድሕሪ መግቢ

drycker	mat	flaska
መስተ	መግቢ	ጥርሙዝ

snabbmat

ስሉጥ መግቢ.

street food

መግቢ. ጽርግያ

tekanna

ብርጭቆ ሻሂ

sockerskål

ታኒካ ሽኮር

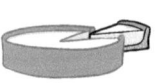

portion

ክፋል

espressomaskin

ማሺን ኤስፕረሶ

barnstol

ነዊሕ መንበር

räkning

ጻብጻብ

bricka

ታብለት

kniv

ካራ

gaffel

ፋርከታ

sked

ማንካ

tesked

ማንካ ሻሂ

servett

ሰርቪየተ

glas

ብኬሪ

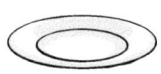

tallrik

ሸሓኒ

sopptallrik

ሸሓኒ መረቕ

tefat

ትሕቲ ኩባያ

sås

ጸብሒ

saltkar

ወሃቢ ጨው

pepparkvarn

መጥሓን በርበረ

vinäger

ኣቾቶ

olja

ዘይቲ

kryddor

ቀመም

ketchup

ከቸፕ

senap

ኣድሪ

majonnäs

ማዮኔዝ

stormarknad

ሱፐርማርክት

specialerbjudande
ወፈያ
FOR
kund
ዓሚል
mejeriprodukter
ፍርያታት ጸባ
frukt
ፍረታት
varukorg
ሰረገላ ዱኳን

BUTCHERS

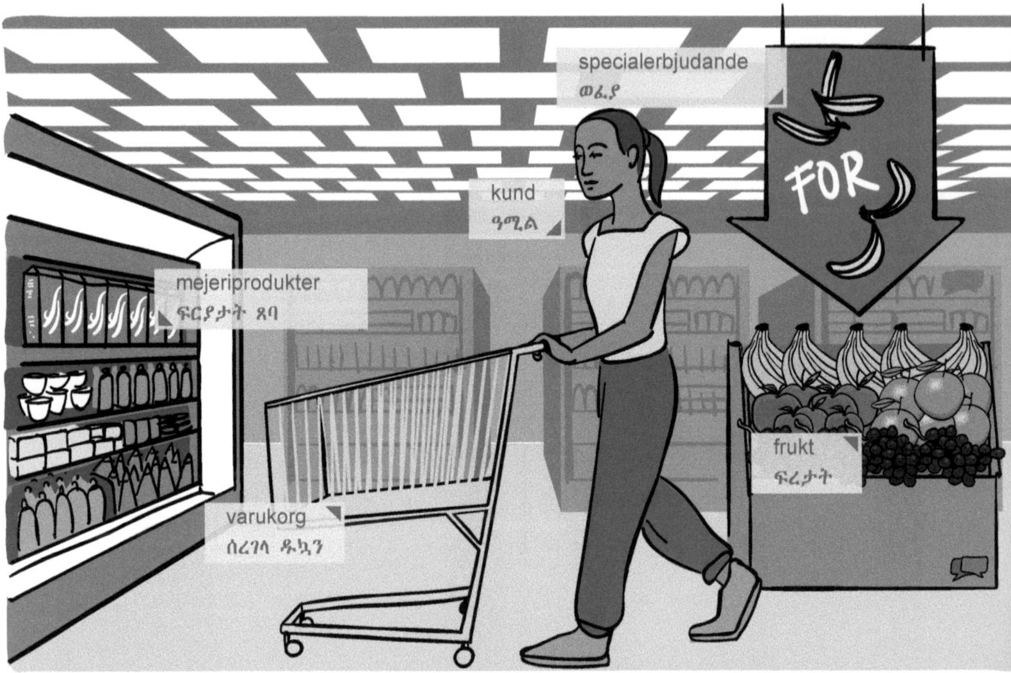

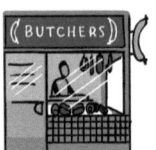

charkuteri

እንዳ ስጋ

BAKERY

bageri

እንዳ ባኒ

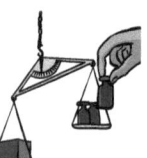

väga

ክብደት

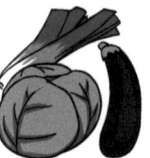

grönsaker

ኣሕምልቲ

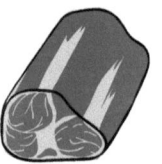

kött

ስጋ

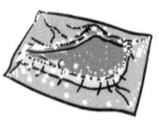

frysta livsmedel

መግቢ ፍሪጅ በረድ

pålägg

ዝሑል ቅሩብ መግቢ

konserver

እስቃጥላ

tvättmedel

ኦሞ

godis

ምቁር መግቢ

hushållsprodukter

ዘቤታውያን አቕሑ

rengöringsmedel

ናውቲ መጽረዪ

försäljare

ሸቃጣይ

kassa

ካሳ

kassör

ተሓዝ ገንዘብ

inköpslista

ዝርዝር ምግዛእ

öppettider

ክፉት ሰዓታት

plånbok

ማሕፉዳ

kreditkort

ክረዲት ካርድ

väska

ሳንጣ

plastpåse

ፌስታል

drycker

መስተ

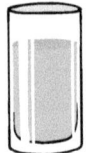

vatten

ማይ

juice

ጁማቍ

mjölk

ጸባ

cola

ኮላ

vin

ነቢት

öl

ቢራ

alkohol

አልኮል

kakao

ካካው

te

ሻሂ

kaffe

ቡን

espresso

ኤስፕረሶ

cappuccino

ካፑቺኖ

banan

ባናና

äpple

ቱፋሕ

apelsin

አራንሺ

melon

ብርጭቆ

citron

ለሚን

morot

ካሮት

vitlök

ጸዕዳ ሽጉርቲ

bambu

ባምቡስ

lök

ሽጉርቲ

svamp

ቅንጥሻ

nötter

ፉል

nudlar

ፓስታ

spaghetti

ስፓጌቲ

ris

ሩዝ

sallad

ሰላጣ

pommes frites

ቅልዋ ድንሽ

stekt potatis

ቅሉው ድንሽ

pizza

ፒትሳ

hamburgare

ሃምቡርገር

smörgås

ፓኒኖ

schnitzel

ቢስተካ

skinka

ሰለፍ ሓሰማ

salami

ሳላሚ

korv

ግዕዝም

kyckling

ደርሆ

stek

ቀለወ

fisk

ዓሳ

havregryn

ገዓት

müsli

ሙስሊ

cornflakes

ኮርንፍለይክስ

mjöl

ሓርጭ

croissant

ክሮሶን

fralla

ባኒ

bröd

ባኒ

rostat bröd

ቶስት

kex

ብሽኮቲ

smör

ጠስሚ

kvarg

ርጎኦ

kaka

ፓስተ

ägg

እንቋቍሖ

stekt ägg

ቅሉው እንቋቍሖ

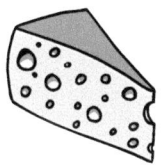

ost

ፋርማጆ

mat - መግቢ

glass

አይስ ክሪም

socker

ሽኮር

honung

መዓር

sylt

ጃም

nougatkräm

ኑጋት-ክሬም

curry

ኩሪ

lantgård
ቤት ሕርሻ

halmbal
ሓሰር ቦንዳ

ladugård
መኽዘን

fält
ግራት

häst
ፈረስ

trailer
ተስሓቢ

föl
ዒሉ

traktor
ትራክተር

åsna
ኣድጊ

lamm
ዕየት

får
በጊዕ

get

ጤል

ko

ብዕራይ

kalv

ምራኽ

gris

ሓሰማ

griskulting

ውላድ ሓሰማ

tjur

ኣርሓ

gås

ዓሳ

anka

ማይ ደርሆ

kyckling

ጫቁታት

höna

ደርሆ

tupp

ኦርሓ ደርሆ

råtta

ኣንጨዋ ዓባይ

katt

ድሙ

mus

ኣንጭዋ

oxe

ብዕራይ

hund

ከልቢ

hundkoja

ኣጎዶ ከልቢ

trädgårdsslang

ቱቦ ጆርዲን

vattenkanna

መዝለፊ ማይ

lie

ዓቢ ማዕጺድ

plog

ማሕረሻ

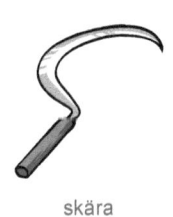

skära

ማዕጺ.ድ

hacka

ጭጓር

högaffel

መስአ

yxa

ፋስ

skottkärra

ዓረብያ ኢ.ድ

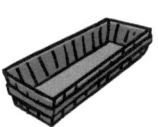

tråg

ጋብላ

mjölkflaska

ብርጭቆ ጸባ

säck

ከሻ

staket

ሓጹር

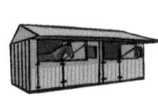

stall

መንሰስ

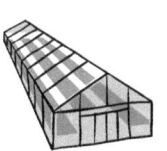

växthus

ቆጠልያ ገዛ

jord

ባይታ

säd

ዘርኢ.

gödsel

ድኹዒ.

skördetröska

ዘጣምር ቀውዓይ

skörda

ቀውዐ

skörd

ጻማ

jams

ድንሽ ያም

vete

ስርናይ

soja

ሶያ

potatis

ድንሽ

majs

ዕፉን

raps

ራፕስ

fruktträd

ገረብ ፍረታት

maniok

ማኒኦክ

spannmål

አእኻል

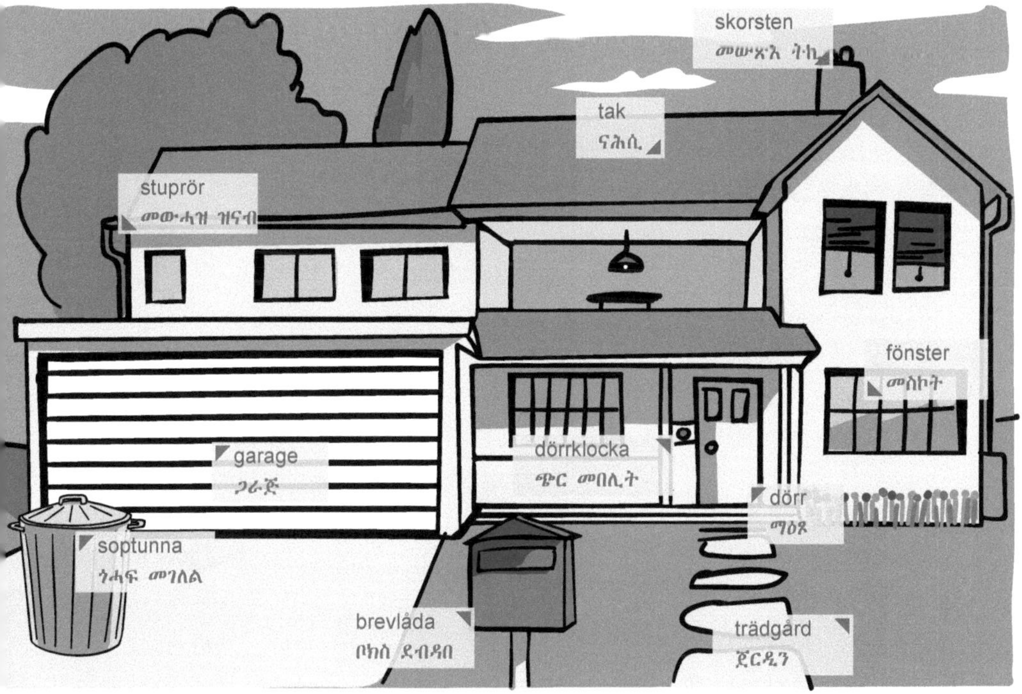

skorsten
መውጽእ ትኪ

tak
ናሕሲ

stuprör
መውሓዝ ዝናብ

fönster
መስኮት

garage
ጋራጅ

dörrklocka
ጭር መበሊት

dörr
ማዕጾ

soptunna
ጎሓፍ መገለል

brevlåda
ቦክስ ደብዳበ

trädgård
ጀርዲን

vardagsrum

ክፍሊ ምቅማጥ

badrum

ክፍሊ ባንዮ

kök

ክሽን

sovrum

ክፍሊ መደቀሲ

barnrum

ክፍሊ ቆልዑ

matsal

መመገቢ ክፍሊ

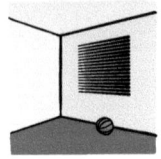

golv

ባይታ

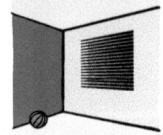

vägg

መንደቅ

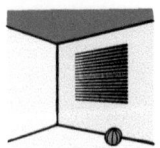

tak

ከቦርታ

källare

ካንቲና

bastu

ሳውና

balkong

ባልኮን

terrass

ዛላ

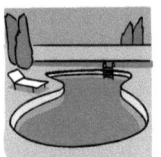

bassäng

መሕምበሲ

gräsklippare

መቖረጺ ሳዕሪ

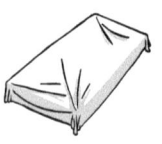

lakan

አንሶላ ዓራት

överkast

ከቦርታ ዓራት

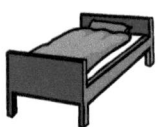

säng

ዓራት

kvast

መኾስተር

hink

መገለል

strömbrytare

መወልዒት

vardagsrum

ክፍሊ ምቕማጥ

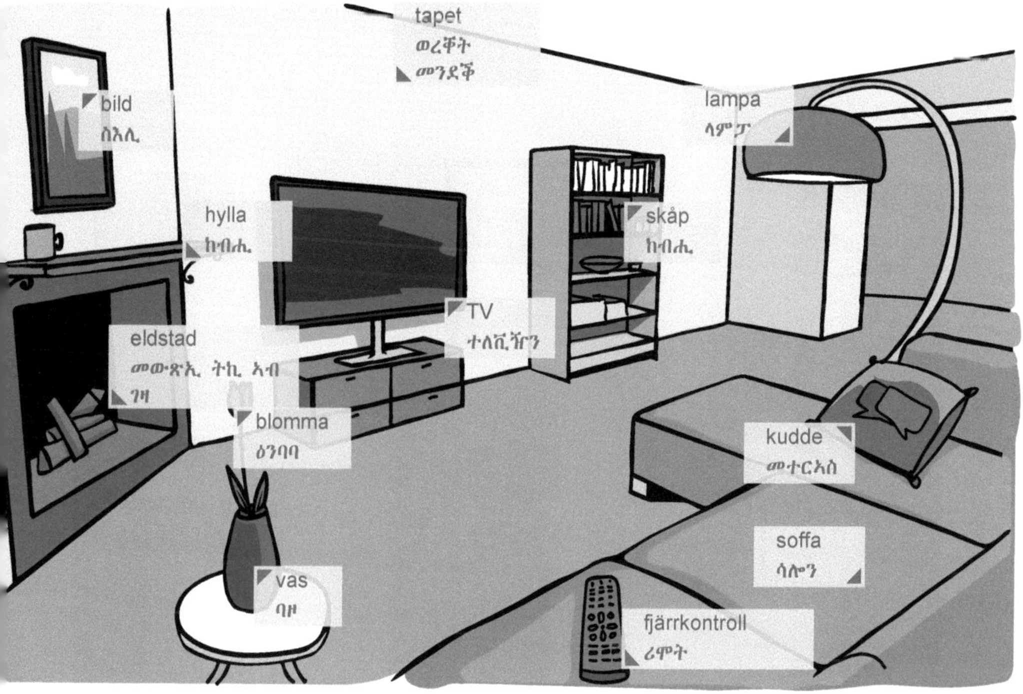

tapet
ወረቐት መንደቕ
bild
ስእሊ
lampa
ላምፓ
hylla
ከብሒ
skåp
ከብሒ
TV
ተለቪዥን
eldstad
መውጽኢ ትኪ ኣብ ገዛ
blomma
ዕንባባ
kudde
መተርኣስ
soffa
ሳሎን
vas
ባዞ
fjärrkontroll
ሪሞት

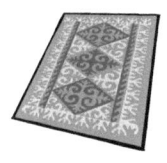

matta

መንጸፍ

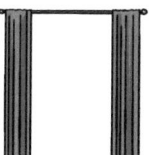

gardin

መጋረጃ

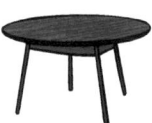

bord

ጣውላ

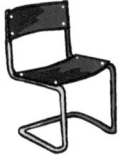

stol

መንበር

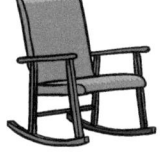

gungstol

ሰለል ዝብል መንበር

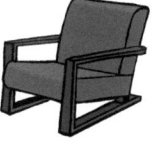

fåtölj

መንበር ምቹእ

bok

መጽሐፍ

filt

ከቦርታ

dekoration

ስልማት

vedträ

እንጨይቲ ሓዊ

film

ፊልም

stereoanläggning

ስተረዮ

nyckel

መፍትሕ

dagstidning

ጋዜጣ

målning

ቅብአ

poster

ፖስተር

radio

ሬድዮ

anteckningsbok

ጥራዝ

dammsugare

መልጎሲ ደርና

kaktus

በለስ

stearinljus

ሽምዓ

kök
ክሽነ

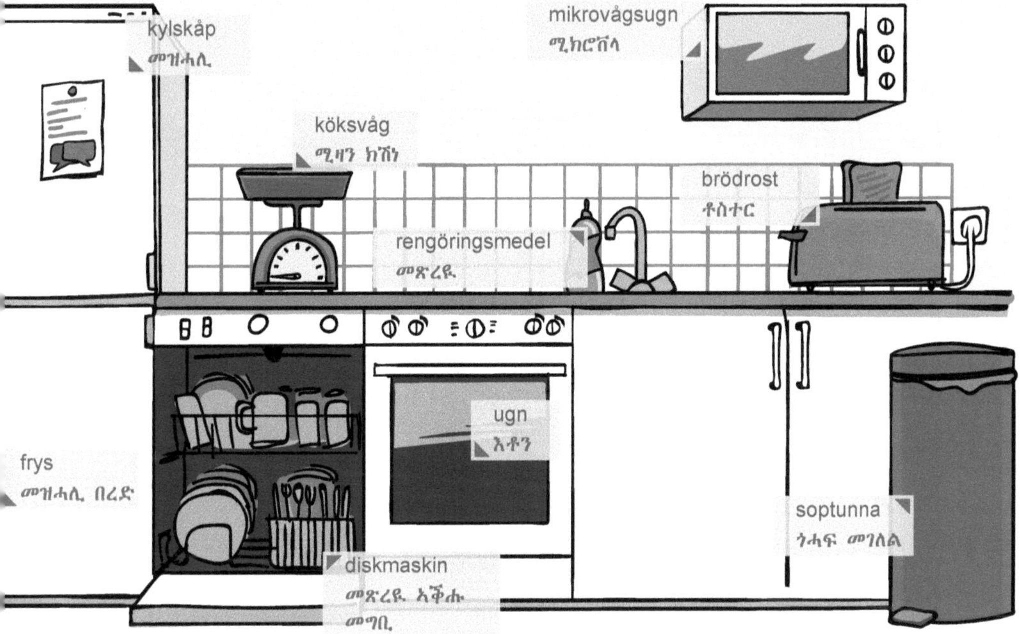

kylskåp
መዝሓሊ
mikrovågsugn
ሚክሮቨላ
köksvåg
ሚዛን ክሽነ
brödrost
ቶስተር
rengöringsmedel
መጽረዪ
ugn
እቶን
frys
መዝሓሊ በረድ
soptunna
ጎሓፍ መገለሊ
diskmaskin
መጽረዪ ኣቕሑ መግቢ

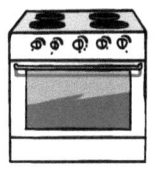

spis
....
መኽሸኒ

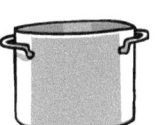

kastrull
....
ድስቲ

järngryta
....
ድስቲ ሓጺን

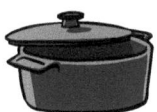

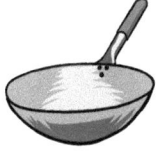

wok / kadai
....
ቮክ/ካዳይ

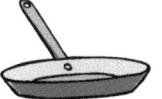

stekpanna
....
ባደላ

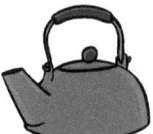

vattenkokare
....
መውዓዪ ማይ

ångkokare

መፍልሒ

bakplåt

ጎንቴራ ምስንካት

porslin

ኣቕሑ መግቢ

mugg

ብርጭቆ

skål

ጭሓሎ

ätpinnar

ማንካቸና

soppslev

ማንካ መረቕ

stekspade

መገልበጢ ባደላ

visp

መኹስተር ውርጪ

durkslag

መንፊት መግቢ

sil

መንፊት

rivjärn

መፋሕፍሒ

mortel

ሞርታር

grill

ባርቢክዩ

brasa

ስፍራ ሓዊ

skärbräda

እንጨይቲ ምምታር

kavel

እንጨይቲ ኩረር

korkskruv

መኽፈት ቡሽ

burk

ታኒካ

burköppnare

መኽፈቲ ታኒካ

grytlapp

ጨርቂ ድስቲ

vask

ቡምባ

borste

አስባስላ

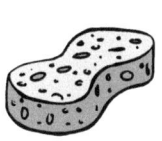

svamp

ሰፍነግ

mixer

ሓዋሲ. አደባላቒ

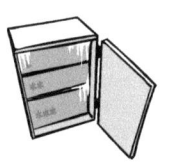

frys

መዝሓሊ. በረድ

nappflaska

ጥርሙዝ ማማይ

kran

ቡምባ ማይ

kök - ክሽን

badrum
ክፍሊ. ባንዮ

värme
መውዓዪ

dusch
መሕጸቢ ሻወር

handduk
ሸጎማሞ

duschdraperi
ሻወር መጋረጃ

bubbelbad
መሕጸቢ ዓፍራ

badkar
ባንዮ መሕጸቢ

glas
ብኬሪ

tvättmaskin
ሓጻቢት

kran
ቡምባ ማይ

kakel
ማቶነላ

potta
ድስቲ

vask
ቡምባ

toalett

ሽቓቕ

låg toalett

ሽቓቕ ኮፍ

bidet

በዱ

pissoar

ሽቓቕ ተባዕታይ

toalettpapper

ወረቐት ሽቓቕ

toalettborste

አስባስላ ሽቓቕ

tandborste

አስባስላ ስኒ

tandkräm

ክሬማ ስኒ

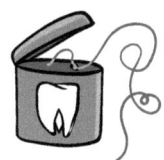

tandtråd

ሃሪ ስኒ

tvätta

ሓጸብ

handdusch

ዱሽ ኢ..ድ

intimdusch

ዱሽ

handfat

ብርጭቆ ምሕጻብ

ryggborste

አስባስላ ሕቖ

tvål

ሳምና

duschgel

ሻወር ጀል

schampo

ሻምፑ

trasa

ጨርቂ መሕጸቢ

avlopp

መውሓዚ

crème

ክሬማ

deodorant

ደዮ ጨና

badrum - ክፍሊ ባንዮ

spegel

መስትያት

handspegel

ናይ ኢድ መስትያት

rakhyvel

መላጸ

raklödder

ዓፍራ ምልጻይ

rakvatten

ጨና ድሕሪ ምልጻይ

kam

መመሽጥ

borste

አስባስላ

hårtork

መንቆጺ ጸግሪ

hårspray

ስፕረይ ጸግሪ

smink

መመላኽዒ

läppstift

ብርዒ ቀለም ከንፈር

nagellack

አዝማልቶ

bomullsvadd

ጻምሪ ጡጥ

nagelsax

መስደዲ ጽፍሪ

parfym

ጨና

necessär

ሳንጣ መሕጸቢ

pall

ድኳ

våg

ሚዛን

badrock

ክዳን መሕጸቢ

gummihandskar

ጎንቲ መጸረዪ

tampong

ታምፖን

binda

ጨርቂ ሰበይቲ

kemisk toalett

ሽቓቕ ከሚስትሪ

barnrum

ክፍሊ ቆልዑ

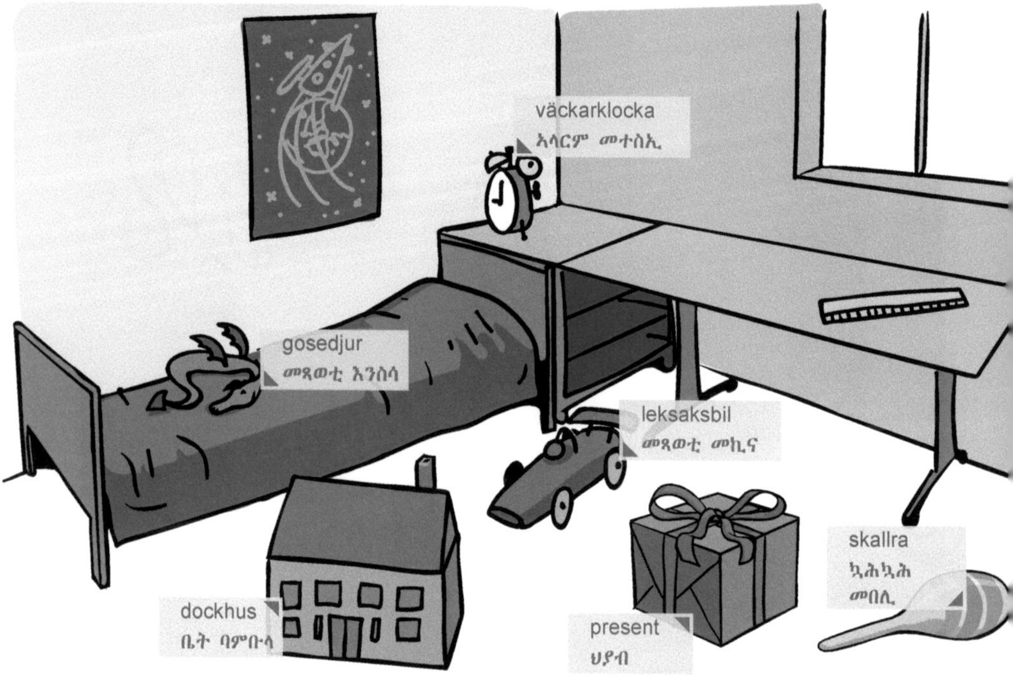
väckarklocka
ኣላርም መተስኢ
gosedjur
መጻወቲ እንስሳ
leksaksbil
መጻወቲ መኪና
skallra
ኳሕኳሕ
መበሊ
dockhus
ቤት ባምቡላ
present
ህያብ

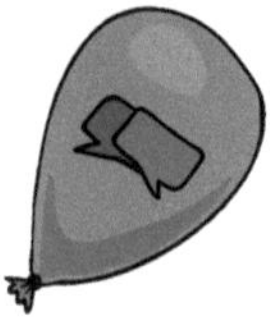

ballong

ባላንችና

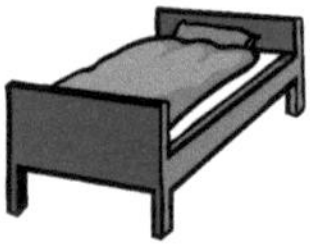

säng

ዓራት

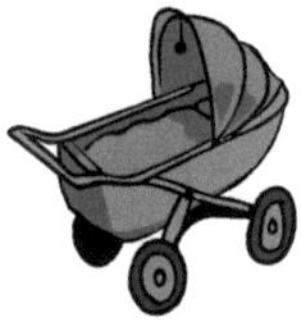

barnvagn

ሰረገላ ህጻን

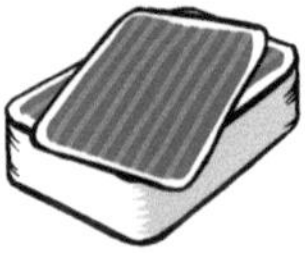

kortlek

ጸወታ ካርታ

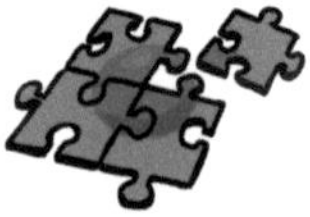

pussel

ሕንቅሊተይ

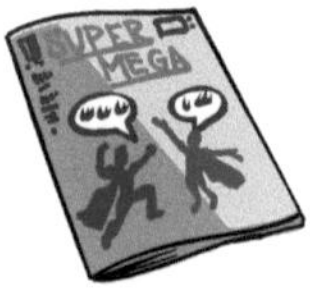
SUPER
MEGA

serietidning

ኮሜዲ

legobitar

እምንታት መጻወቲ ለጎ

klossar

መጻወቲ እምንታት

actionfigur

በዓል አክቶን

sparkdräkt

ክዳን ማማይ

frisbee

ፍሪስቢ

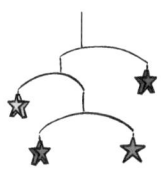

mobil

ሞባይል ማማይ

brädspel

ጸወታ ሰሌዳ

tärning

ኩቦ

modelljärnväg

ሞደል ባቡር ምድሪ

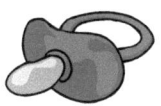

napp

ዓባስ

party

ፓርቲ

bilderbok

መጽሓፍ ስእሊ

boll

ኩዕሶ

docka

ባምቡላ

spela

ተጻወተ

sandlåda

መጻወቲ ሑጻ

gunga

ሰላል

leksaker

መጻወቲታት

spelkonsol

ኮንሶል ቪድዮ

trehjuling

መጻወቲ ሰለስተ መንኮርኮር

nalle

ተዲ

garderob

ከብሒ ክዳን

sockar

ካልስታት

strumpor

ነዊሕ ካልስታት

tights

ስረ ካልሲ

halsduk
ሻርባ

bälte
ቁልፊ

paraply
ጽላል

t-shirt
ማልያ

sneakers
ስኒከርስ

stövlar
ረፋዕ

tofflor
ጫማ ገዛ

sandaler	skor	gummistövlar
ሸበጥ	ጫማ	ረፋዕ ጎማ
underbyxor	BH	linne
ሙታንታ	ከዳን ጡብ	ትሕተ ካሚቻ

body

ቦዲ

byxor

ስሪ

jeans

ጂንስ

kjol

ቀምሽ

blus

ካምቻ

skjorta

ካሚቻ

pullover

ጉልፎ

sweater

ጎልፎ

blazer

ጃኬት

jacka

ጃከት

kappa

ጁባ

regnjacka

ክዳን ዝናብ

dräkt

ኮስቱም

klänning

ቀምሽ

bröllopsklänning

ቀምሽ መርዓ

kostym

ልብሲ.

nattlinne

ካሚቻ ለይቲ

pyjamas

ክዳን ለይቲ

sari

ሳሪ

slöja

መሃረብ ርእሲ.

turban

ቱርባን

burka

ቡርካ

kaftan

ካፍታን

abaya

ኣባያ

baddräkt

ክዳን መሕምበሲ.

badbyxor

ስረ መሕምበሲ.

shorts

ሓጺር ስረ

träningsoverall

ክዳን ታዕሊም

förkläde

በጃ ክዳን

handskar

ጓንቲ

knapp

መልጎም

glasögon

መነጽር

armband

በንናጅር

halsband

ማዕተብ

ring

ቀለበት

örhänge

ኩትሻ

mössa

ቆብዕ

galge

መንበሪ ጁባ

hatt

ባርኔጣ

slips

ካራሻት

dragkedja

ሻርኔጣ

hjälm

ሀልመት

hängslen

መድልደል ስረ

skoluniform

ድቢዛ ቤትትምህርቲ

uniform

ድቢዛ

haklapp

ሰደርያ ቆልዓ

napp

ዓባስ

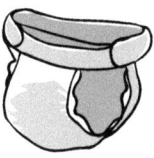

blöja

ጨርቂ ማማይ

kontor

ቤት ጽሕፈት

server
ሰርቨር

dokumentskåp
ከብሒ, ሰነድ

skrivare
ፕሪንተር

papper
ወረቐት

bildskärm
ሞኒተር

mus
ኣንጭዋ

skrivbord
ጣውላ ምጽሓፊ

mapp
ሓጿሪ

tangentbord
ኪቦርድ

stol
መንበር

papperskorg
ጎሓፍ ወረቐት

dator
ኮምፒተር

kaffemugg

ብርጭቆ ቡን

miniräknare

ካልኩለተር

internet

ኢንተርነት

bärbar dator

ለፕቶፕ

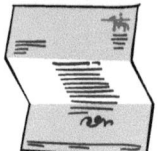

brev

ደብዳበ

meddelande

መልእኽቲ

mobiltelefon

ሞባይል

nätverk

ነትወርክ/መርበብ

kopieringsapparat

መቕድሒ ፎቶኮፒ

programvara

ሶፍትዌር

telefon

ተለፎን

vägguttag

ሶከት ኣረንቲ

fax

ፋክስ

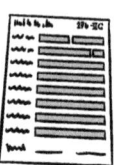

blankett

ፎርም

dokument

ሰነድ

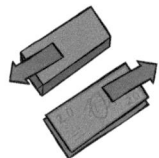

köpa

ገዝአ

betala

ከፈለ

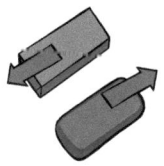

handla

ንግዲ

pengar

ገንዘብ

dollar

ዶላር

euro

አይሮ

yen

የን

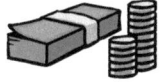

rubel

ሩብል

schweizisk franc

ስዊዝ ፍራንከን

renminbi yan

ረንሚንቢ የዋን

rupie

ሩፕየ

bankomat

መውጽኢ ማሺን ገንዘብ

växelkontor

ቦታ ቅያር ገንዘብ

guld

ወርቂ

silver

ብሩC

olja

ዘይቲ

energi

ሓይሊ

pris

ዋጋ

kontrakt

ውዕል

skatt

ቀረጽ

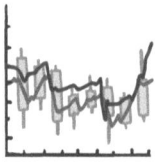

aktie

እኩብ ጥሪ-ነገራት

arbeta

ሰርሐ

anställd

ሰራሕተኛ

arbetsgivare

ኣስራሒ

fabrik

ትካል

affär

ዱኳን

yrken
ሞያታት

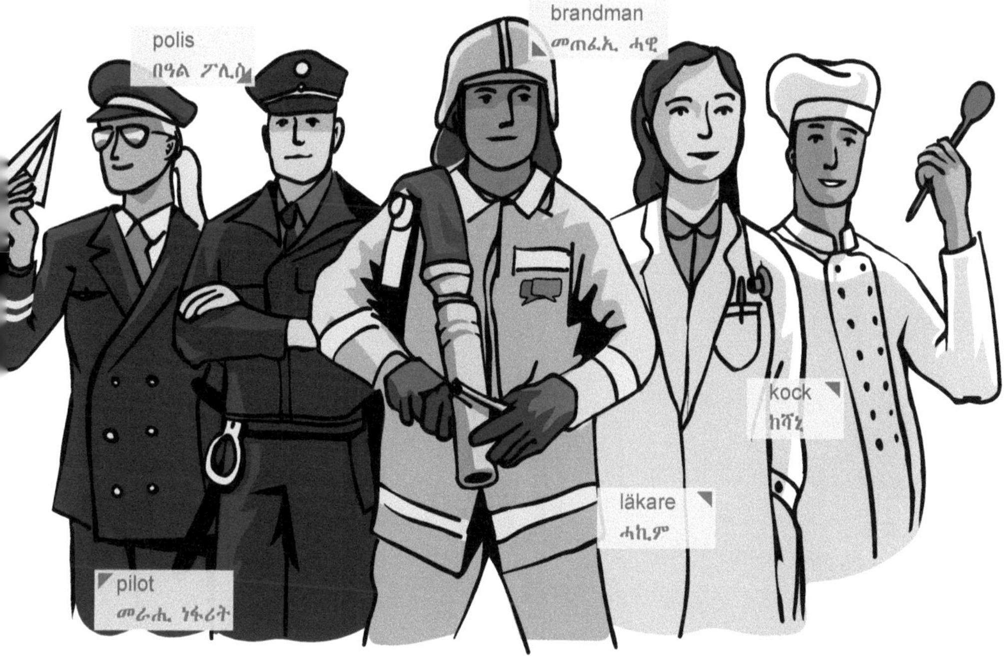
polis
በዓል ፖሊስ
brandman
መጠፈኢ ሓዊ
kock
ከሻኒ
läkare
ሓኪም
pilot
መራሒ ነፋሪት

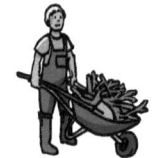

trädgårdsmästare

....

ሰራሕተኛ ጀርዲን

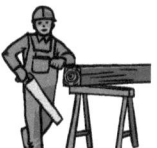

snickare

....

ጸራቢ ዕንጸይቲ

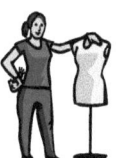

sömmerska

....

ሰፋይት

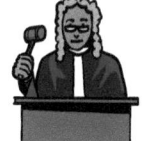

domare

....

ፈራዳይ

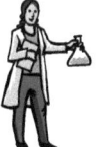

kemist

....

ቀማሚ

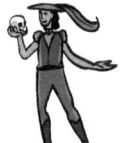

skådespelare

....

ተዋሳኢ

busschaufför

መራሒ አዉቶቡስ

taxichaufför

አዉቲስታ ታክሲ

fiskare

ገፋፊ ዓሳ

städerska

ጸራጊት

takläggare

ሃናጺ ናሕሲ

servitör

አሰላፊ

jägare

ሃዳናይ

målare

ሰኣላይ

bagare

እንዳ ሕብስቲ

elektriker

ኤለትሪከኛ

byggarbetare

ሃናጺ አባይቲ

ingenjör

ሃንዳሲ

slaktare

ሰራሕተኛ እንዳ ስጋ

rörmokare

ድራብሊኮ

brevbärare

አማላሳሊ ፖስጣ

soldat

ወተሃደር

arkitekt

መሃንድስ

kassör

ተሓዝ ገንዘብ

florist

ሰራሕተኛ ዕምባባ

frisör

ቀም ቃማይ

konduktör

ፈተሪኖ

mekaniker

መካኒክ

kapten

መራሒ መርከብ

tandläkare

ሓኪም ስኒ

vetenskapsman

ተመራማሪ

rabbin

ራቢ

imam

ኢማም

munk

ፈላሲ

präst

ቀሺ

verktyg

ናውቲ

tång
ጉጤት
hammare
ሞደሻ
skruvmejsel
ዘዋር መስኒ
ficklampa
ላምፓዲና
skiftnyckel
መፋትሕ

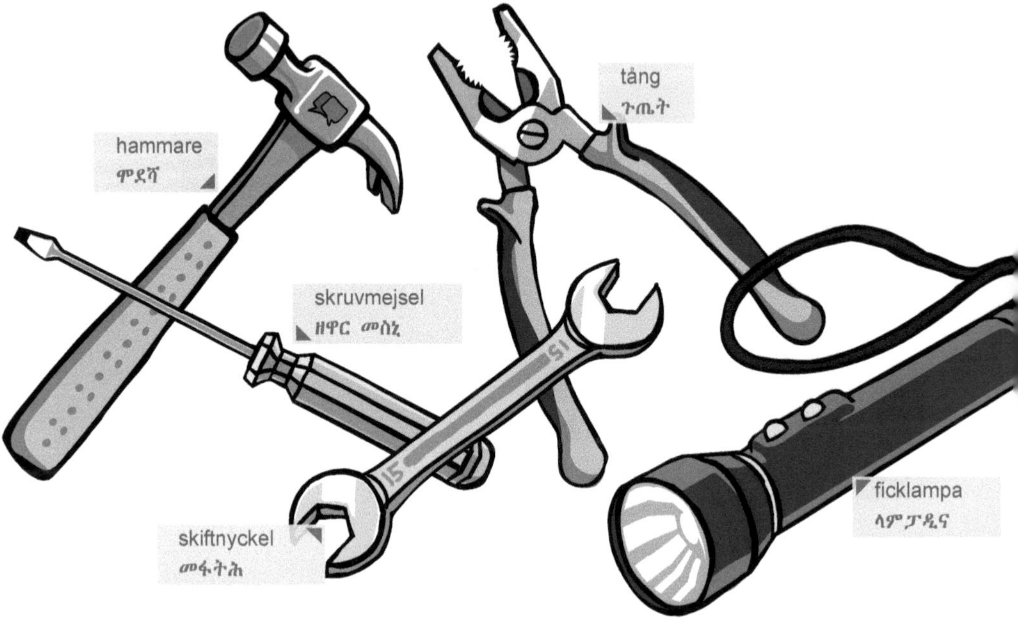

grävmaskin

ፈሓሪ

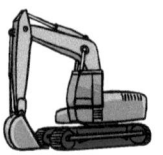

verktygslåda

ናውቲ ቦክስ

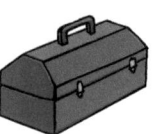

stege

መደያይቦ

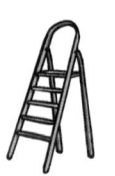

såg

መጋዝ

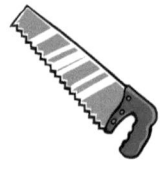

spik

መስማር

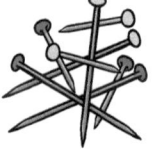

borr

ኩዓቲ

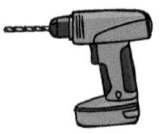

reparera

ምዕራይ

spade

ባደላ

Helvete!

ኣይ!

sopskyffel

መትሓዚ ዶሮና

färgburk

ድስቲ ቀለም

skruvar

ካቺቢተ

musikinstrument

መሳርሒ ሙዚቃ

trummor
ከቦሮታት

högtalare
እስፒከር

gitarr
ጊታር

kontrabas
ረጉድ ዓባይ
ጊታር

trumpet
ትሮምፐት

piano

ፒያኖ

violin

ቪዮሊን

bas

ባስ ጊታር

timpani

ቲምንኢ

trumma

ከበሮ

keyboard

ኦርጋን

saxofon

ሳክሶፎን

flöjt

ሻምብቆ

mikrofon

ሚክሮፎን

ingång
መእተዊ

tiger
ነብሪ

bur
ጎብያ

zebra
አድጊ በረኻ

djurfoder
መግቢ እንስሳ

panda
ፓንዳ

djur
....
እንስሳታት

elefant
....
ሓርማዝ

känguru
....
ካንጋሩ

noshörning
....
ሓሪሽ

gorilla
....
ጉሪላ

björn
....
ድቢ

kamel

ገመል

struts

ሰገን

lejon

አንበሳ

apa

ህበይ

flamingo

ፍላሚንጎ

papegoja

ሕንጻይ

isbjörn

ድቢ በረድ

pingvin

ፐንጉን

haj

ከልቢ ዓሳ

påfågel

ጣውስ

orm

ተመን

krokodil

ሓርገጽ

djurskötare

ሓላዊ ቤት ገርድሽ

säl

ዓሳ ዚምገብ እንስሳ ባሕሪ

jaguar

ጃንር

zoo - መካነ እንስሳታት

ponny

ሓጹር ፈረስ

leopard

ነብሪ

flodhäst

ጉማረ

giraff

ጂራፍ

örn

ሊላ

vildsvin

መፍለስ

fisk

ዓሳ

sköldpadda

ጎብየ

valross

ዋልሩስ

räv

ወኻርያ

gazell

ሰስሓ

amerikansk fotboll
ናይ አሜሪካ ኩዕሶ እግሪ

cykling
ምግዋር ብሽግለታ

tennis
ተኒስ

basket
ባስከትባል

simning
ምሕምባስ

boxning
ቦክሲንግ

ishockey
ሆኪ በረድ

fotboll
....
ኩዕሶ እግሪ

badminton
....
ባድሚንቶን

friidrott
....
እስፖርታዊ ንጥፈታት

handboll
....
ኩዕሶ ኢድ

skidåkning
....
ስኪ

polo
....
ፖሎ

aktiviteter
ንጥፈታት

skratta
ሰሓቐ
hoppa
ነጠረ
krama
ሓቖፈ
gå
ከደ
sjunga
ደረፈ
drömma
ሓለመ
be
ጸለየ
kyssa
ሰዓመ

skriva

ጸሓፈ

rita

ሰኣለ

visa

ኣርኣየ

skjuta

ደፍአ

ge

ሃበ

ta

ወሰደ

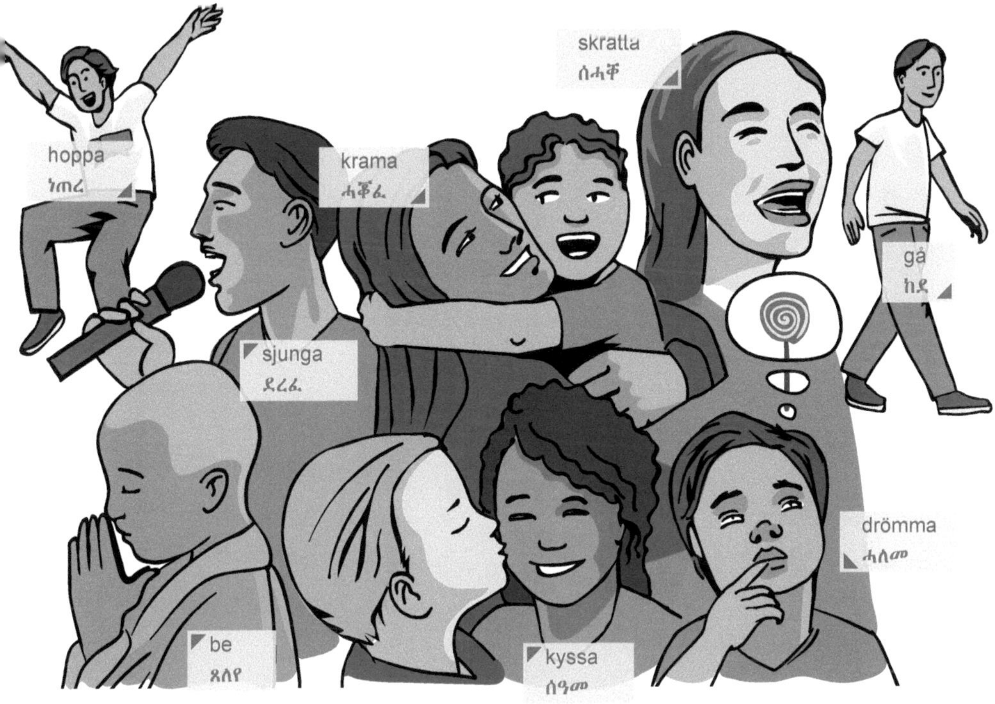

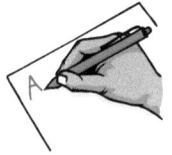

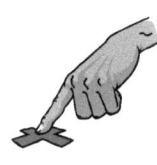

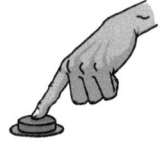

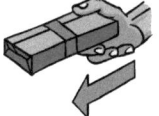

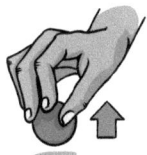

hagel

አለወ

göra

ገበረ

vara

ኮነ

stå

ጠጠው በለ

springa

ጎየየ

dra

ሰሓበ

kasta

ሰንደወ

falla

ወደቐ

ligga

ሓሰወ

vänta

ተጸበየ

bära

ሰከም

sitta

ኮፍ በለ

klä på

ተኸድነ

sova

ደቀሰ

vakna

ተስአ

se på

ረኣየ

gråta

በኸየ

smeka

ብአጻብዑ ደረዘ

kamma

መሸጠ

prata

ተዛረበ

förstå

ተረድአ

fråga

ሓተተ

höra

ሰምዐ

dricka

ሰተየ

äta

በልዐ

städa

አጽመጠ

älska

አፍቀረ

laga mat

ከሸነ

köra

ዘወረ

flyga

ነፈረ

segla

ብመርከብ ገየሽ

räkna

ደመረ

läsa

አንበበ

lära sig

ተመሃረ

arbeta

ሰርሐ

gifta sig

መርዓወ

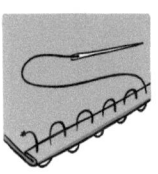

sy

ሰፈየ

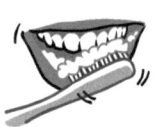

borsta tänderna

ጽሬት አስናን

döda

ቀተለ

röka

ሽጋራ ተከኸ

skicka

ሰደደ

ormor/farmor
ዓባይ

morfar/farfar
ኣቦሓጎ

pappa
ኣቦ

mamma
ኣደ

baby
ማማይ

dotter
ጓል

son
ወዲ

gäst

ጋሻ

moster/faster

ሓትኖ

farbror/morbror

ኣኮ

bror

ሓው

syster

ሓፍቲ

kropp

ኣካላት

panna
ግንባር
öga
ዓይኒ
skuldra
መንኩብ
finger
ኣጻብዕ
ansikte
ገጽ
haka
መንከስ
hand
ኢድ
ben
ሽፋን እግሪ
bröst
ኣፍ-ልቢ
arm
ምናት

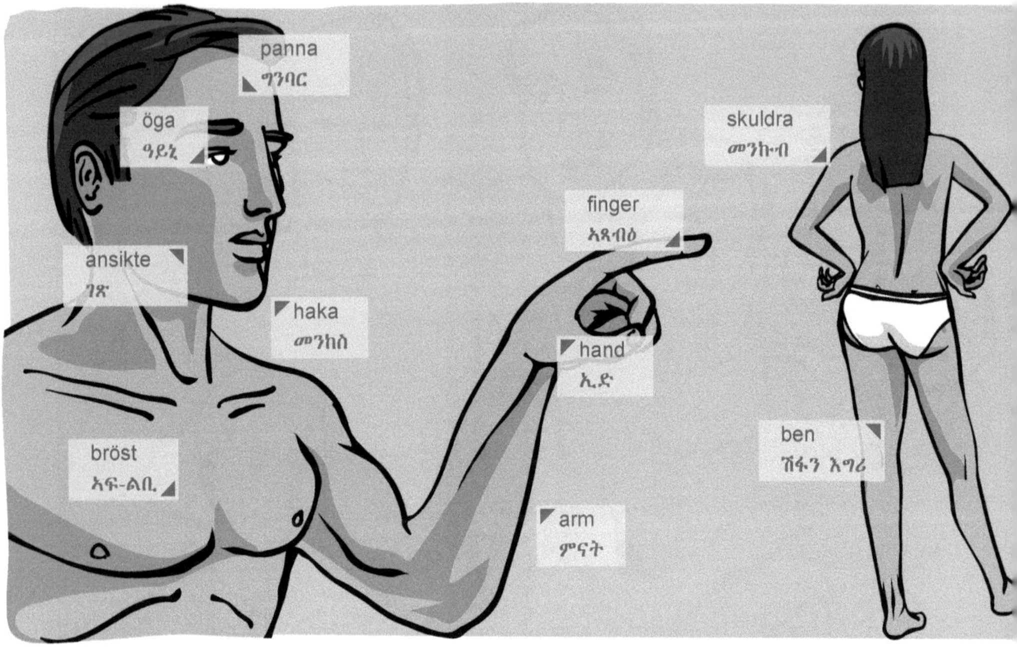

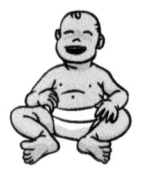

baby

ማማይ

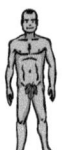

man

ሰብኣይ

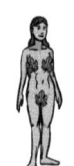

kvinna

ሰበይቲ

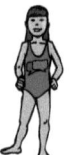

flicka

ጓል

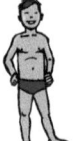

pojke

ወዲ

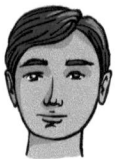

huvud

ርእሲ

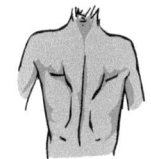

rygg

ሕቖ

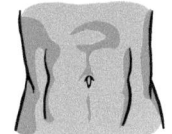

mage

ከስዐ

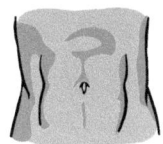

navel

ሕምብርቲ

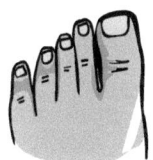

tå

ኣጻብዕ እግሪ

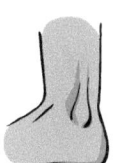

häl

ኩርኹረ

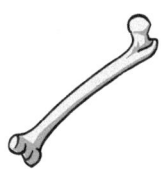

ben

ዓጽሚ

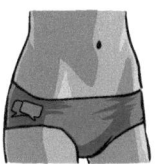

höft

ም፟ሕኵልቲ

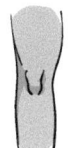

knä

ብርኪ

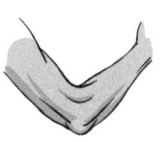

armbåge

ፍግፍጕ

näsa

ኣፍንጫ

stjärt

መዓኮር

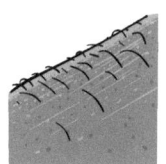

hud

ቆርበት

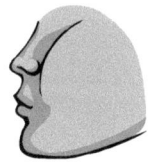

kind

ምዕጉርቲ

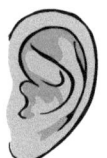

öra

እዝኒ

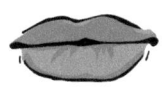

läpp

ከንፈር

mun

አፍ

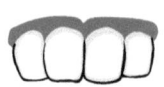

tand

ስኒ

tunga

መልሓስ

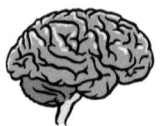

hjärna

ሓንጎል

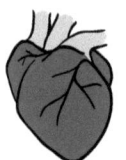

hjärta

ልቢ

muskel

ጭዋዳ

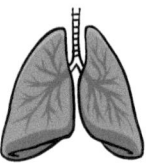

lunga

ሳንቡእ

lever

ጸላም ከብዲ

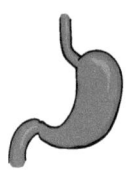

magsäck

ከብዲ

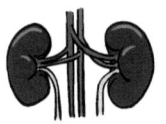

njurar

ኩሊት

sex

ግብረ ስጋ

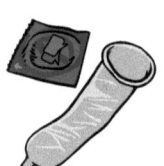

kondom

ኮንዶም

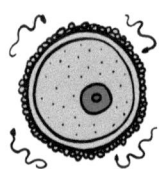

äggcell

እንቋቍሓ

sperma

ዘርኢ ተባዕታይ

graviditet

ጥንሲ

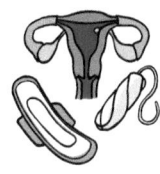

menstruation

ጽግያት

vagina

ርሕሚ

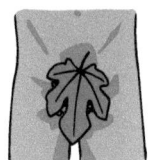

penis

መትሎ

ögonbryn

ሽፉሽፍቲ

hår

ጸጉሪ

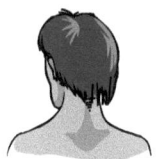

nacke

ክሳድ

sjukhus

ሆስፒታል

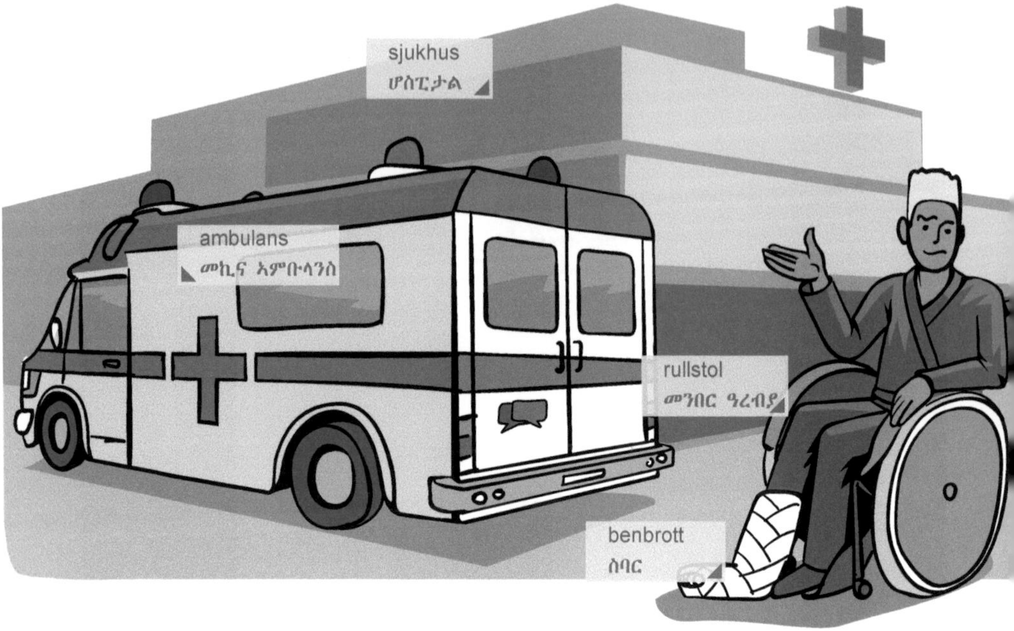

sjukhus
ሆስፒታል
ambulans
መኪና ኣምቡላንስ
rullstol
መንበር ዓረብያ
benbrott
ስባር

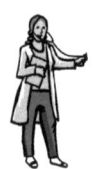

läkare

ሓኪም

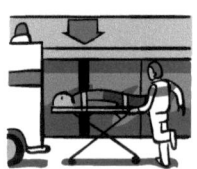

akutmottagning

ክፍሊ ህጹጽ ረድኤት

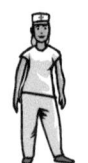

sjuksköterska

ኣላይት

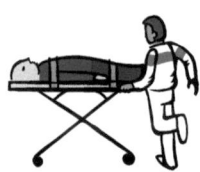

nödsituation

ህጹጽ ኩነት

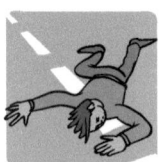

medvetslös

ውነኡ ዘጥፍአ

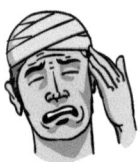

smärta

ቃንዛ

skada

ጉድኣት

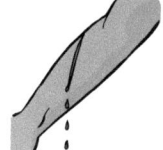

blödning

ደም

hjärtattack

ማህረምቲ

slaganfall

ማህረምቲ

allergi

ኣለርጂ

hosta

ሰዓል

feber

ረስኒ

influensa

ኡንፍልወንዛ

diarré

ውጽኣት

huvudvärk

ቃንዛ ርእሲ.

cancer

መንሽሮ

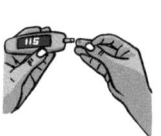

diabetes

ሹኮርያ

kirurg

ሓኪም መጥባሕቲ

skalpell

መጥብሒ

operation

መጥባሕቲ

CT

CT

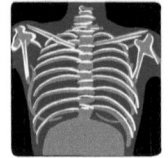

röntgen

ራጁ

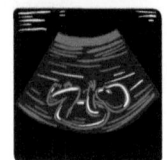

ultraljud

ልዕለ ድምጻዊ

ansiktsmask

መሸፈኒ ገጽ

sjukdom

ሕማም

väntsal

ክፍሊ ምጽባይ

krycka

ምርኩስ

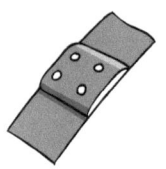

plåster

መጀነኒ ቒስሊ

bandage

መጀነኒ

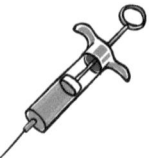

injektion

መርፍዕ ምውጋእ

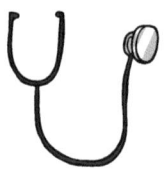

stetoskop

ስተቶስኮፕ

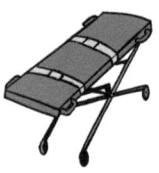

bår

መሰከሚ ሕማም

termometer

ቴርሞመተር

födsel

ትውልዲ

övervikt

ልዕለ-ሚዛን

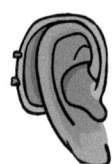

hörapparat

ሓገዝ ምስማዕ

desinfektionsmedel

ኣንጻሂ

infektion

ልብዳ

virus

ቫይረስ

HIV / AIDS

ኤድስ

medicin

ሕክምና

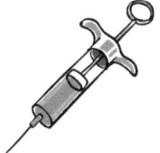

vaccination

ክታብ

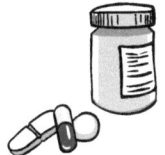

tabletter

ከኒና

p-piller

ከኒና

nödsamtal

ህጹጽ ምድዋል

blodtrycksmätare

መዕቀኒ ጸቕጢ ደም

sjuk / frisk

ሕሙም / ጥዑይ

Hjälp!

ሓገዝ

alarm

ኣላርም

överfall

ምህጃም

misshandel

መጥቃዕቲ

fara

ድንገት

nödutgång

ህጹጽ መውጽኢ

Det brinner!

ሓዊ!

brandsläckare

መጥፍኢ ሓዊ

olycka

ሓደጋ

förbandslåda

ሳንጣ ቀዳማይ ረድኤት

SOS

SOS

polis

ፖሊስ

Europa

ኤውሮጳ

Nordamerika

ሰሜን አመሪካ

Sydamerika

ደቡብ አመሪካ

Afrika

አፍሪቃ

Asien

ኤስያ

Australien

አውስትራልያ

Atlanten

አትላንቲክ

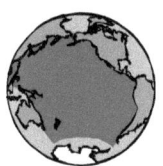

Stilla Havet

ፓሲፊክ

Indiska Oceanen

ህንዳዊ ዉቅያኖስ

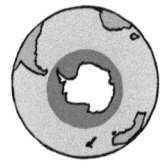

Antarktiska Oceanen

አንታርቲካዊ ዉቅያኖስ

Arktiska Oceanen

አርክቲካዊ ዉቅያኖስ

Nordpol

ሰሜናዊ ዋልታ

Sydpol

ደቡባዊ ዋልታ

Antarktis

ኣንታርቲካ

Jorden

ምድሪ

land

መሬት

hav

ባሕሪ

ö

ደሴት

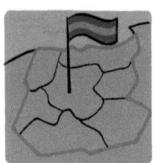

nation

ሃገር

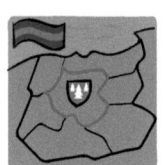

stat

ዓዲ

urtavla

ገጽ ሰዓት

timvisare

አመልካቲ ሰዓታት

minutvisare

አመልካቲ ደቓይቕ

sekundvisare

አመልካቲ ካልኢት

Vad är klockan?

ሰዓት ክንደይ አሎ?

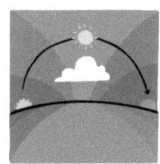

dag

መዓልቲ

tid

ግዜ

nu

ሕጂ

digital klocka

ዲጂታል ሰዓት

minut

ደቒቕ

timme

ሰዓት

vecka
ሰሙን

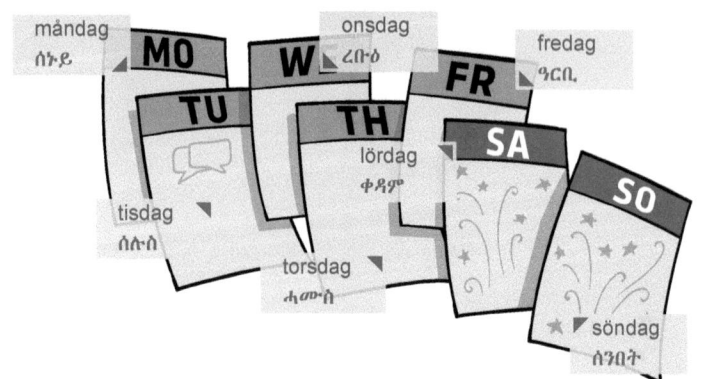

måndag ሰኑይ
MO
onsdag ረቡዕ
W
fredag ዓርቢ
FR
TU
TH
lördag ቀዳም
SA
SO
tisdag ሰሉስ
torsdag ሓሙስ
söndag ሰንበት

igår

ትማሊ

idag

ሎሚ

imorgon

ጽባሕ

morgon

ንጎሆ

middag

ቀትሪ

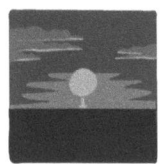

kväll

ምሸት

MO	TU	WE	TH	FR	SA	SU
1	2	3	4	5	6	7
8	9	10	11	12	13	14
15	16	17	18	19	20	21
22	23	24	25	26	27	28
29	30	31	1	2	3	4

vardagar

መዓልታት ስራሕ

MO	TU	WE	TH	FR	SA	SU
1	2	3	4	5	6	7
8	9	10	11	12	13	14
15	16	17	18	19	20	21
22	23	24	25	26	27	28
29	30	31	1	2	3	4

helg

መወዳእታ ሰሙን

år

ዓመት

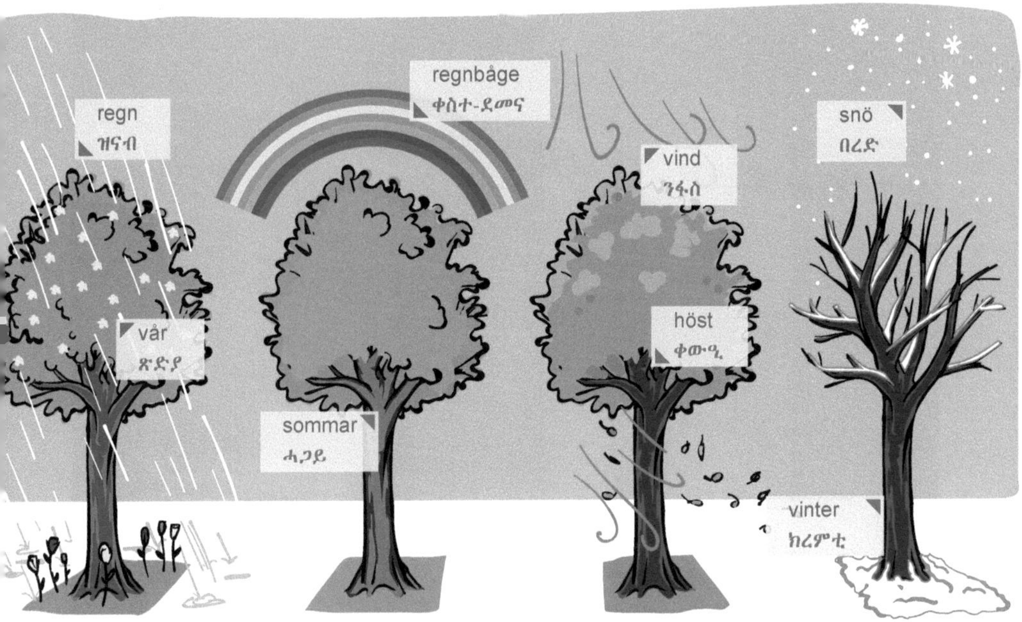

regn
ዝናብ
regnbåge
ቀስተ-ደመና
vind
ንፋስ
snö
በረድ
vår
ጽድያ
höst
ቀውዒ
sommar
ሓጋይ
vinter
ክረምቲ

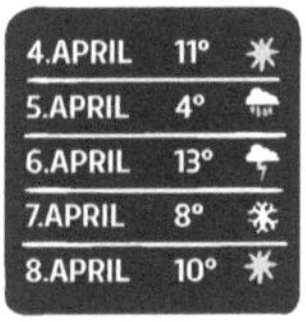

4.APRIL 11°
5.APRIL 4°
6.APRIL 13°
7.APRIL 8°
8.APRIL 10°

väderprognos

ትንቢት ኩነታት ኣየር

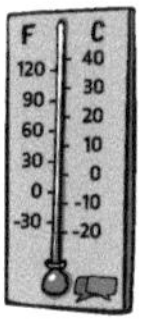

F C
120 90 60 30 0 -30
40 30 20 10 0 -10 -20

termometer

ቴርሞመተር

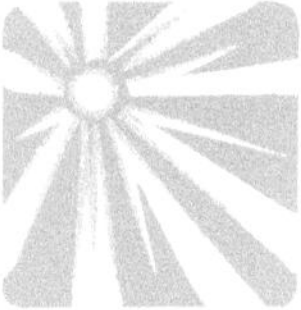

solsken

ብርሃን ጸሓይ

moln

ደበና

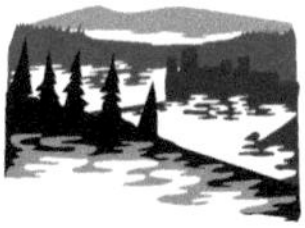

dimma

ግመ

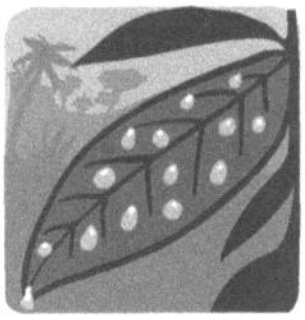

luftfuktighet

ጠሊ

blixt

ብርቂ

åska

ነጕዳ

storm

ህቦብላ

hagel

በረድ

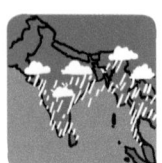

monsun

ብርቱዕ ህቦብላ

översvämning

ውሕጅ

is

በረድ

januari

ጥሪ

februari

ለካቲት

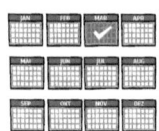

mars

መጋቢት

april

ሚያዝያ

maj

ጉንበት

juni

ሰነ

juli

ሓምለ

augusti

ነሓሰ

år - ዓመት

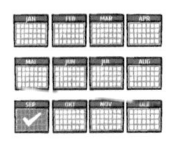

september

....

መስከረም

oktober

....

ጥቅምቲ

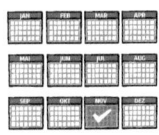

november

....

ሕዳር

december

....

ታሕሳስ

cirkel

....

ዙርያ

kvadrat

....

ትርብዒት

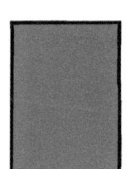

rektangel

....

ቅኑዕ ርቡዕ ኵርናዕ

triangel

....

ስሉስ ኵርናዕ

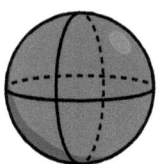

sfär

....

ክቢ

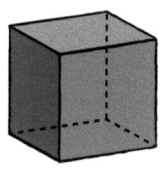

kub

....

ኩቦ

ሕብርታት

vit

ጸዕዳ

gul

ብጫ

orange

ኦራንሺ

rosa

ፒንክ

röd

ቀይሕ

lila

ጁኸ

blå

ሰማያዊ

grön

ቀጠልያ

brun

ቡናዊ

grå

ሓሙኽሽታይ

svart

ጸሊም

mycket / lite

ብዙሕ / ውሑድ

arg / lugn

ሕሩቕ / ሰላማዊ

vacker / ful

ጽቡቕ / ክፉእ

början / slut

መጀመርያ / መወዳእታ

stor / liten

ዓቢ / ንእሽቶ

ljus / mörk

ብሩህ / ጸልማት

bror / syster

ሓው / ሓፍት

ren / smutsig

ጽሩይ / ርሳሕ

komplett / ofullständig

ምሉእ / ዘይምሉእ

dag / natt

መዓልቲ / ለይቲ

död / levande

ሙዉት / ህልው

bred / smal

ሰፊሕ / ጸቢብ

ätlig / oätlig

ደስ ዘበል / ደስ ዘይብል

ond / god

እኩይ / ህያዋይ

upphetsad / uttråkad

ርቡጽ / ስልኩይ

tjock / smal

ረጊድ / ቀጢን

först / sist

ቀዳማይ / ናይ መወዳእታ

vän / fiende

ዓርኪ / ጸላኢ

full / tom

ምሉእ / ባዶ

hård / mjuk

ተሪር / ልስሉስ

tung / lätt

ከቢድ / ፈኵስ

hunger / törst

ጥምየት / ጽምየት

sjuk / frisk

ሕሙም / ጥዑይ

olaglig / laglig

ዘይሕጋዊ / ሕጋዊ

intelligent / dum

መስተውዓሊ / ስዲ

vänster / höger

ጸጋም / የማን

nära / långt bort

ቀረባ / ርሑቕ

ny / begagnad

ሓዲሽ / ብሉይ

inget / något

ዋላ ሓደ / ገለ

gammal / ung

ዓቢ/ኣረጊት / መንእሰይ

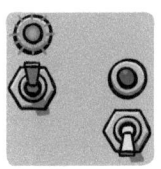

på / av

ወልዑ / ኣጥፍእ

öppen / stängd

ክፉት / ዕጹው

tyst / högljudd

ህዱእ / ዓው

rik / fattig

ሃብታም / ድኻ

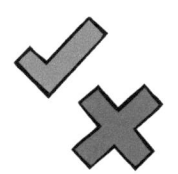

rätt / fel

ቅኑዕ / ግጉይ

grov / slät

ሓርፋፍ / ልሙጽ

ledsen / glad

ጉሁይ / ሕጉስ

kort / lång

ሓጺር / ነዊሕ

långsam / snabb

ቀስ / ቅልጡፍ

våt / torr

ጥሉል / ንቑጽ

varm / sval

ምዉቕ / ዝሑል

krig / fred

ውግእ / ሰላም

siffror

ቁጽርታት

0	**1**	**2**
noll	ett	två
ዜሮ	ሓደ	ክልተ

3	**4**	**5**
tre	fyra	fem
ሰለስተ	ኣርባዕተ	ሓሙሽተ

6	**7**	**8**
sex	sju	åtta
ሽዱሽተ	ሸውዓተ	ሸሞንተ

9	**10**	**11**
nio	tio	elva
ትሽዓተ	ዓሰርተ	ዓሰርተ ሓደ

12

tolv

ዓሰርተ ክልተ

13

tretton

ዓሰርተ ሰለስተ

14

fjurton

ዓሰርተ ኣርባዕተ

15

femton

ዓሰርተ ሓሙሽተ

16

sexton

ዓሰርተ ሽዱሽተ

17

sjutton

ዓሰርተ ሽውዓተ

18

arton

ዓሰርተ ሸሞንተ

19

nitton

ዓሰርተ ትሽዓተ

20

tjugo

ዕስራ

100

hundra

ሚእቲ

1.000

tusen

ሽሕ

1.000.000

miljon

ሚልዮን

engelska

እንግሊዝኛ

amerikansk engelska

አመሪካዊ እንግሊዛዊ

kinesisk mandarin

ቻይናዊ ማንዳሪን

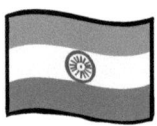

hindi

ሂንዳዊ

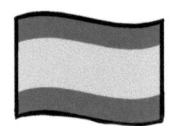

spanska

እስጳኛዊ

franska

ፈረንሳዊ

arabiska

ዓረባዊ

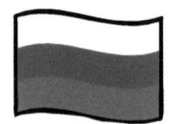

ryska

ሩሲያዊ

portugisiska

ፖርቱጋላዊ

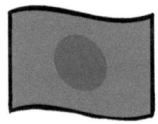

bengali

በንጋሊ

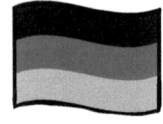

tyska

ጀርመናዊ

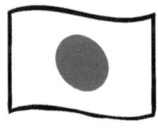

japanska

ጃፓናዊ

jag

አነ

du

ንስኻ/ኺ

han / hon / den (det)

ንሱ / ንሳ / ንሱ

vi

ንሕና

ni

ንስኻ

de

ንሳቶም

vem?

መን?

vad?

እንታይ?

hur?

ከመይ?

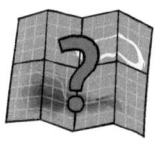

var?

አበይ?

när?

መዓስ?

namn

ሽም

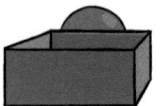

bakom

ድሕሪ

i

አብ

framför

አብ ቅድሚ

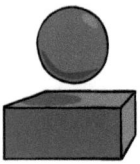

över

አብ ላዕሊ

på

አብ ልዕሊ

under

ትሕቲ ምድሪ

bredvid

አብ ጥቓ

mellan

አብ መንጎ

plats

ቦታ